Céline
autour du monde

Photographies de **Gérard Schachmes**

Propos recueillis par Mia Dumont
et Isabelle Schachmes

Libre Expression

Une compagnie de Quebecor Media

Avant-propos

Quand Céline m'a demandé de faire cette tournée mondiale, j'ai été très flatté et j'ai tout de suite pensé à ce livre. Je savais ce qu'il fallait faire – être dans son ombre –, mais allait-elle oser ouvrir toutes les portes ? Céline et René n'ont pas hésité une minute et, au bout de quelques semaines, je devinais déjà que ce document serait exceptionnel.

J'ai voulu raconter la tournée comme je l'ai vue : les bons moments, les joyeuses rigolades et les moments moins drôles avec les problèmes de santé, les bobos, la fatigue. Je souhaitais donner à voir non seulement la performance de l'artiste, mais aussi la performance de tous. Les moyens mis en œuvre pour offrir le meilleur. Et son public, énorme, dans le monde entier.

Mon projet était double : il s'agissait d'une part de montrer Céline comme elle est, humaine, drôle, espiègle, tendre, star, artiste, concentrée sur son travail et professionnelle, et d'autre part de rendre compte de ce que représente une vraie tournée mondiale comme aucun autre artiste n'en fait. Un énorme *show* avec une énorme machinerie et un énorme talent. Les familles, la vie qui s'organise, les amitiés, le travail et la rigueur partagée par tous.

Ces photos ont toutes une histoire.

Céline m'a laissé travailler si près d'elle pendant le *show* que cela m'a permis de faire des photos de scène rares. En effet on ne voit jamais le point de vue de l'artiste et, là, je dois dire que c'est très impressionnant d'être face à la foule qui paraît si proche dans des stades et des salles bondées.
Sur certaines photos, Céline est si proche qu'il semble qu'on la touche et qu'elle sort de l'image. J'ai donc choisi les plus spectaculaires ou les plus émouvantes. En outre, je voulais souligner la vraie performance de Céline et témoigner de son côté le plus *rock star*.

Il y a aussi toutes les photos prises *backstage*. J'ai souhaité faire du vrai photojournalisme et Céline et René m'y ont bien aidé tous les deux, puisque j'ai pu aller et venir sans contrainte. Céline a accepté de me laisser un accès permanent à sa loge. Je pouvais donc tout raconter. Les bons moments, quand elle se prépare pour le *show* ou fait le clown pour faire rire tout le monde avant d'aller sur scène, la vie *backstage*. Et les mauvais moments, où elle se fait masser parce qu'elle souffre ou voit le médecin parce qu'elle est malade. J'ai voulu montrer que, même si dans la loge Céline se soigne, a des soucis de santé, quand elle en sort pour entrer en scène, plus rien d'autre ne compte que le *show* à venir pour lequel elle donnera le meilleur. Les répétitions, aussi, avec la gaieté et la bonne humeur de Céline qui s'amuse beaucoup avec ses musiciens.

Il y a également les photos en famille, les jours *off*. Et les moments émouvants avec Nelson Mandela ou à Berlin lors de la visite du camp de Sachsenhausen.

Il y a tous les voyages en avion ou en train, où Céline décompresse en se reposant ou en faisant le pitre selon les jours et selon la fatigue. René, omniprésent, vigilant et toujours protecteur. Les différences d'ambiance entre les pays, par exemple au Mexique où la tension était à son comble et où, malgré cela, le *show* a été somptueux.

J'ai également montré la technique avec les gens de l'ombre, le montage complet de la scène à Helsinki ou l'arrivée des camions dans New York au Madison Square Garden, alors qu'il ne faisait pas encore jour. Les problèmes de pluie en Afrique du Sud, les réunions de travail. Tout est là.

Cette expérience a été unique pour moi et demeure la plus forte de ma carrière de photographe. J'ai eu une chance énorme de faire cette tournée avec Céline, René, leur famille et leurs équipes où chacun a rivalisé de gentillesse et de talent. Un dernier clin d'œil pour leur fils, René-Charles, qui est un petit garçon adorable et dont la passion pour la photographie n'a pu que m'émouvoir.

Gérard Schachmes

Préface

Lorsque j'ai proposé à Gérard Schachmes de nous accompagner pour cette tournée mondiale,
je n'imaginais pas combien je serais heureuse, une fois revenue à la maison, d'avoir eu cette idée
qui, au départ, en a étonné plusieurs.

Je voulais un témoin des bonheurs à venir partagés avec mon mari, mon fils, ma mère, ma famille.
Je voulais qu'ils soient gravés à tout jamais, non seulement dans nos cœurs, mais aussi sur la pellicule.
Je souhaitais avoir des souvenirs impérissables. Et bien que nous ayons tous des appareils photo,
je savais que personne n'avait le temps, le talent et la constance pour réaliser un tel travail de référence
et de mémoire.

Nous avons, avec Gérard, une complicité qui remonte à une quinzaine d'années, alors que nous lui avions
demandé de faire des photos pour une carte de Noël, au beau milieu d'une nuit parisienne! Une confiance
s'est installée et il a, depuis, suivi tous les moments importants de nos vies.

C'était donc l'homme de la situation.

Il est certain que cela supposait de notre part une grande disponibilité et un accès illimité à notre espace,
tant professionnel que personnel. Il fallait jouer le jeu.

Ma mère, mon fils, mon mari, notre entourage immédiat: tous se sont prêtés au jeu de bon cœur.

Cela supposait aussi, de la part de l'équipe entière – environ cent cinquante personnes –, que nous
lui faisions une place et que nous lui ouvrions toutes les portes.

Nous l'avons vu, seul ou accompagné de son assistant, courir dans tous les sens et sur toutes
les scènes du monde, pour capter le bon moment, le bon geste, la bonne lumière. Pour saisir l'instant
où il se passe quelque chose dans le regard. Pour accompagner des moments forts de nos vies,
qui s'envoleraient autrement sans laisser de traces ni de souvenirs.

Le temps d'une tournée mondiale, il est devenu mes yeux, mon regard et mon témoin.
Il a photographié le public que je vois difficilement, tant les lumières sont puissantes. Il m'a permis
de regarder les salles sous un autre angle, d'apprécier les éclairages et de sentir, parfois, vos cœurs
battre à travers l'image. J'ai aussi vu à l'œuvre ceux qu'on ne voit jamais, qui sont dans l'ombre
et sans qui il serait impossible de faire un spectacle. Les équipes, les camions, les bus, les avions
qui ont rythmé nos vies aux quatre coins du monde.

Ce que je ressens en découvrant ces photos, c'est l'affection du public, une sorte d'amour universel,
comme un grand élan commun. C'est aussi cela que j'ai voulu montrer à mon fils pour qu'il garde bien
en mémoire qu'il y a toujours autre chose, ailleurs, derrière les apparences.

J'ai la passion des souvenirs, des photos, des images et des objets qui appartiennent ou qui ont
appartenu à ceux que j'aime et que j'ai aimés. Ceux qui sont encore là et les autres, dont nous gardons
le sourire sur papier glacé et qui nous rappellent combien la vie est courte et fragile.

Une photo vaut mille mots, dit-on.

Les siennes parlent beaucoup au regard et au cœur de ceux qui les regardent. C'est pourquoi
j'ai choisi de ne commenter que ce qui sortait un peu du cadre.

Et je le remercie de m'avoir donné à voir…

Céline
xo…

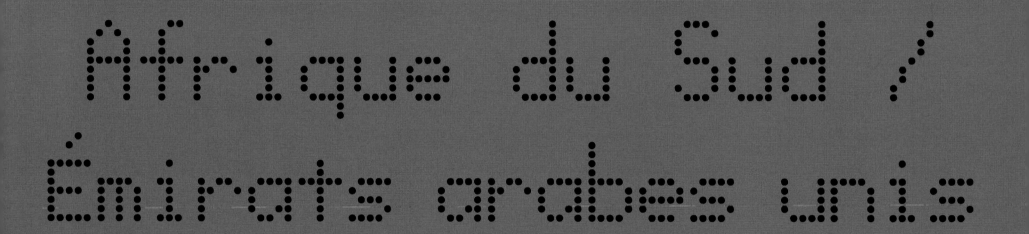

Afrique du Sud / Émirats arabes unis

Afrique du Sud Johannesburg ✦ Pretoria ✦ Durban ✦ Le Cap ✦ Port Elizabeth ✦ Émirats arabes unis Dubaï

■Afrique du Sud

Johannesburg
Coca-Cola Dome

Concert au bénéfice de la Fondation
Nelson Mandela, Céline est accompagnée
du Soweto Gospel Choir.

20 000 spectateurs

« Mes photos préférées sont celles où je ne sais pas que je suis photographiée. Comme celle-ci où je trouve un équilibre et une approche plus grande de la réalité, de la vraie vie. Je suis habillée pour la scène et je circule sous la scène, entourée des équipes et des structures qui me portent, au propre et au figuré. »

Double page précédente : Céline se détend dans sa loge avant le premier concert de la tournée.

Fin du premier *show* après un véritable triomphe. Zorba, l'habilleuse de Céline, l'attend au pied des marches.

Céline, René, René-Charles, Mme Thérèse Dion et Patrick Angélil, le fils de René, autour de Nelson Mandela.

« Notre rencontre avec Nelson Mandela représente un moment fort de ce tour du monde, peut-être le plus fort même. C'est un homme très bon, très généreux. Il a insisté pour prendre mon fils sur ses genoux. Ça avait beaucoup de signification pour moi. C'est comme s'il lui donnait un peu de sa force, sa bénédiction. Cet homme n'est pas ordinaire, on le sait. C'était comme transmettre son énergie à notre enfant, une force invisible. Un grand privilège pour nous tous présents ce jour-là. »

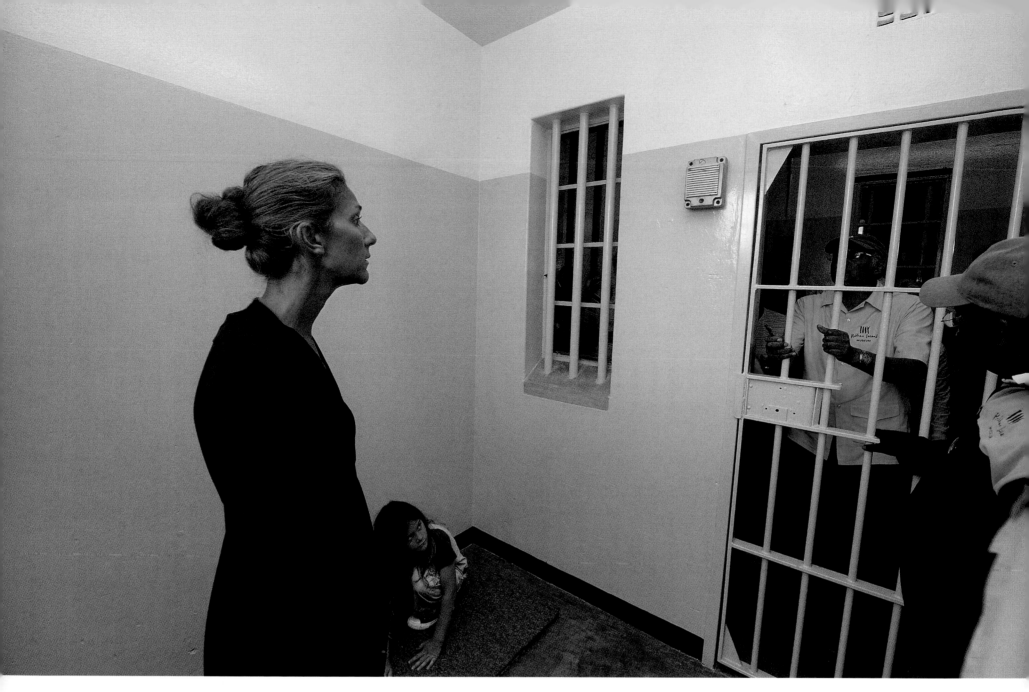

Céline et René-Charles dans la cellule de Nelson Mandela, à la prison de Robben Island.

« *Cette prison où M. Mandela a survécu, si petite par rapport à sa grandeur, ça nous a marqués. C'était pour René-Charles l'occasion d'apprendre une page d'histoire qu'il pourra raconter aux autres enfants à l'école. Le but de ce voyage avec lui, c'était ça, lui transmettre des souvenirs et lui faire vivre des moments inoubliables.* »

« L'Afrique a été une grande découverte pour moi. De les voir bouger, chanter, danser comme ils le font, joyeux alors qu'ils sont souvent privés de l'essentiel à nos yeux, fut un réconfort. J'étais inquiète avant d'y aller, je savais qu'il y avait des tensions. Ils m'ont rassurée et j'ai trouvé qu'ils portaient en eux une grande force et une grande joie de vivre. Ce sont sans doute eux qui ont inventé la musique et la danse, ça leur vient du ciel certainement, tant les vibrations qu'ils dégagent sont fortes ! Ces enfants souriants, on veut tous les ramener avec soi ! »

Céline tourne un message télévisé dans une école communale de Soweto en faveur d'une fondation pour l'enfance.

Céline prépare la conférence de presse de Johannesburg avec son mari,
René Angélil, et se prête volontiers à la traditionnelle prise d'empreinte de sa main.

« Nous regardons, l'animal et moi, chacun dans une direction différente, chacun dans son univers, nous sommes tous les deux derrière une clôture, selon le point de vue de l'autre… »

Michael et Nick, les deux gardes du corps de Céline, deux lions et deux lionceaux.

« Mon fils est très protecteur envers moi. Il devient facilement mon garde du corps. Si on s'approche trop, si on veut me toucher, si on crie, il n'est pas content, il a peur pour moi. Là, au milieu des animaux, il a peur pour moi ! »

■Afrique du Sud

Pretoria
Loftus Stadium

Deux *shows*
80 000 spectateurs

Jean-François Perreault, le *cameraman* de la tournée, réalise un plan avec Céline, aidé de son nouvel assistant d'un jour, René-Charles.

Pretoria, Loftus Stadium.

« Moments précieux, ceux des loisirs en famille. Mon fils est un cabotin de nature, il aime faire rire, faire son petit show. Mais uniquement lorsqu'il est en famille, protégé au milieu de gens qu'il aime et qui l'aiment. Ce sont des moments de grâce où on ne pense à rien d'autre qu'à être bien ensemble. »

Bain de soleil pour Céline dans les filets du catamaran devant Table Bay.

Afrique du Sud

Johannesburg
Montecasino Event Area

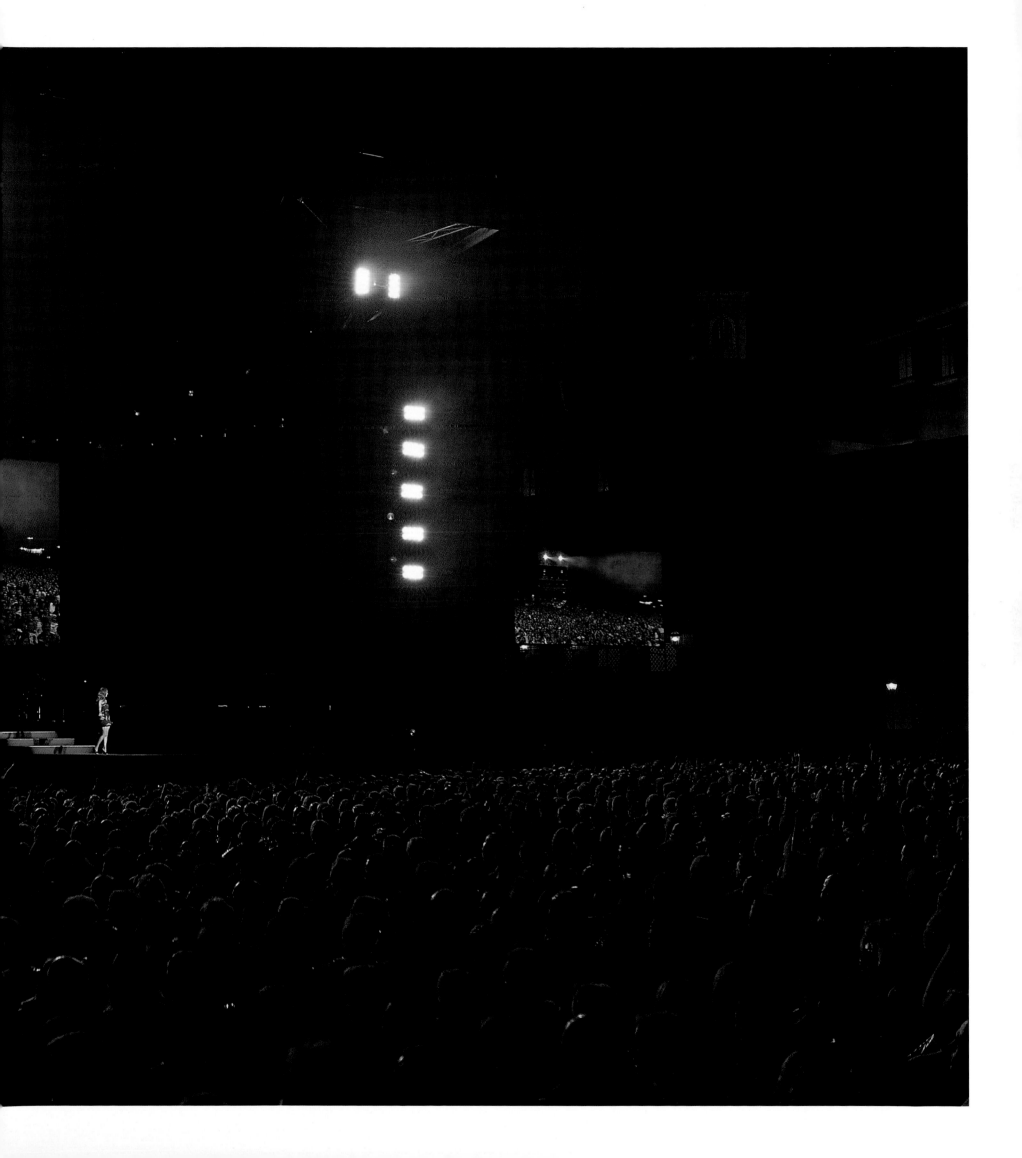

Échauffements *backstage* dirigés par Trevelynn Henuset.

Lucas, le fils de Denis Savage et de la choriste Élise Duguay, joue avec les danseurs.

Petit *brief* joyeux des danseurs avec Denis Savage, directeur de tournée.

Kemba Shannon, danseuse (États-Unis).

Moment de stress en Afrique du Sud avec une pluie battante qui menace de durer. Patrick Angélil et Denis Savage se dépêchent de mettre à l'abri le *flight-case* de maquillage, puis Denis Savage provoque une réunion de crise : « Si ça continue, on ne peut pas jouer. » Les techniciens évacuent l'eau des sièges et Céline attend, confiante, à l'abri d'une bâche.

Le soleil revenu, les répétitions peuvent commencer…

« La complicité entre René et moi est encore complète. C'est la clé de notre succès en tant que couple. Il rit encore de mes blagues, il me surprend et m'émerveille encore. Nous sommes vivants ! »

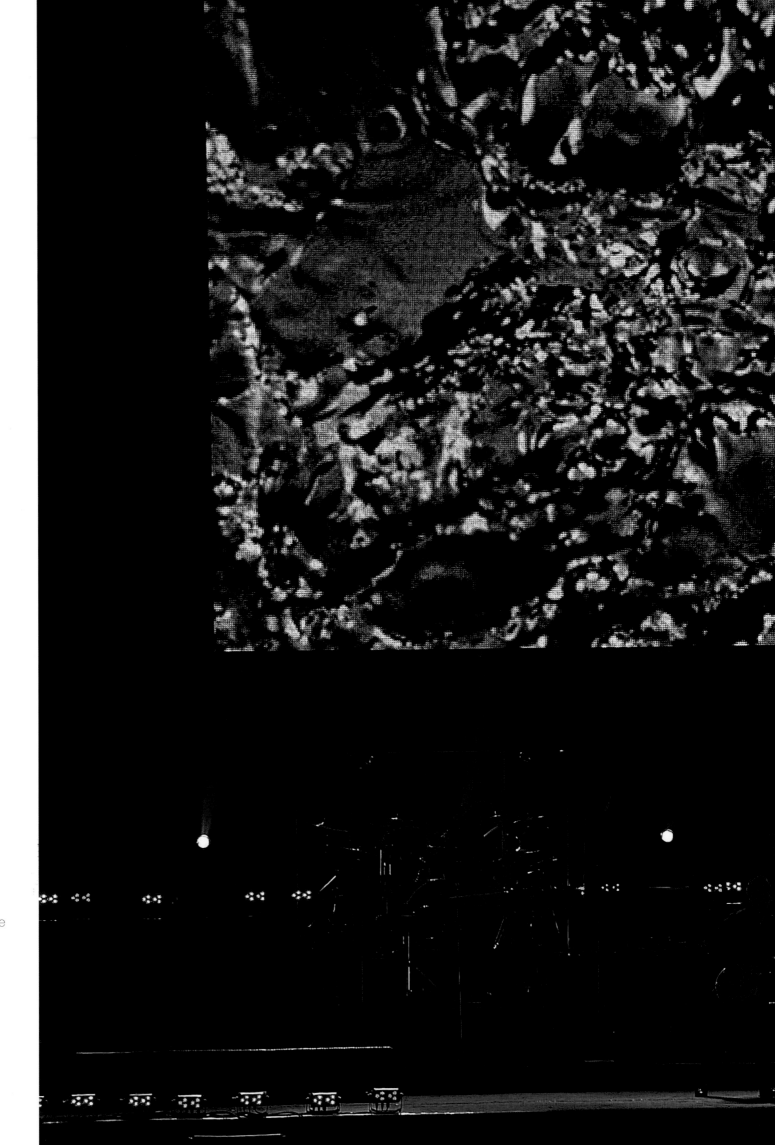

Double page précédente : Céline
dans sa charmante petite loge
mobile : « Cette petite roulotte
était le *dressing room* parfait !
Je voulais l'acheter ! »

Concert à Johannesburg
au Montecasino Event Area.

Visite aux enfants d'un centre d'alimentation de Soweto.

« C'était touchant de voir ces échanges généreux avec mon fils, ces cadeaux simples venus du cœur. »

■Afrique du Sud

Le Cap
Vergelegen Estate

Deux *shows*
100 000 spectateurs

Double page précédente : Concert au Cap au Vergelegen Estate.

Pretoria, concert au Loftus Stadium.

Safari photo en famille à Pilanesberg à l'Ivory Tree Game Lodge.

Émirats
arabes unis

Dubaï
Dubaï Rugby Club

25 000 spectateurs

Séance de dédicaces *backstage* à l'extérieur.

« *J'aime cette photo où je redeviens la femme, l'épouse,*
Mme René Angélil. Beau privilège. »

Concert au Dubaï Rugby Club. Exceptionnellement et par respect des coutumes locales, Céline porte des manches en cuir pour couvrir ses bras.

Double page précédente : Céline dans sa loge, raffinement des détails, elle a revêtu une longue tunique orientale.

Asie / Australie

Japon Tokyo ✦ Osaka ✦ Chine Macao ✦ Corée du Sud Séoul ✦
Australie Brisbane ✦ Sydney ✦ Melbourne ✦ Perth ✦
Chine Shanghai ✦ Pékin ✦ Malaisie Kuala Lumpur

■ Japon

Tokyo
Tokyo Dome

Deux *shows*
100 000 spectateurs

Un record d'assistance.

Loge de Céline au Tokyo Dome.

Double page suivante : Concert au Tokyo Dome, je suis dans l'ombre et si proche d'elle que j'ose à peine respirer pour ne pas la déranger.

René-Charles, passionné de photo, a remarqué que mon Nikon D3 avait deux déclencheurs, un vertical et un horizontal. Il a dit à son père qu'il aimerait avoir « le même que Gérard », nous nous sommes rendus dans le plus grand magasin Nikon de Tokyo où René et Céline lui ont offert un D300.

« Ce qui m'épate ce soir-là, ce n'est pas d'être sur la Ginza, c'est de voir le bonheur dans les yeux de mon fils alors que son père vient de lui acheter un appareil photo de qualité. Il était heureux de la confiance qu'on mettait en lui, on le traitait comme un professionnel, comme un grand. Ce n'était plus simplement un cadeau, c'était une marque de respect. »

Gare de Tokyo, Céline part pour son *show* à Osaka. Elle s'arrête pour une séance de dédicaces improvisée avec les fans japonais sagement alignés.

L'ambiance est joyeuse sur le quai de la gare où nous montons dans le train comme des enfants qui partent en colonie de vacances.

Japon
Osaka
Kyocera Dome

Les sumos Asasekiryu, Kimenryu et Yokozuna Asashoryu
(de gauche à droite).

Osaka, répétitions au Kyocera Dome avec ses musiciens André Coutu et Jean-Sébastien Carré. Céline montre à sa maman la scène centrale.

Osaka, Kyocera Dome, pendant le *show* la célèbre chanteuse japonaise Yuna présente à Céline un gâteau d'anniversaire pour ses 40 ans.

Macao, répétitions au Venetian Arena.

Double page suivante : Loge à Macao au Venetian Arena,
deux beaux sourires.

Corée du Sud

Séoul
Olympic Gymnasium

Deux *shows*
40 000 spectateurs

« Ma styliste est ma complice sur scène. Elle me permet de bouger comme je le sens, elle ajuste mes costumes à mes besoins. Où que je sois, son regard est toujours sur moi, je me sens en sécurité. Merci Annie d'avoir ajouté ce collant noir sous la botte afin de me protéger des regards indiscrets ! »

Séoul, à l'Olympic Gymnasium, Céline avec son bassiste Marc Langis.

Séoul, un *show* plein d'émotion pour toute l'équipe. Céline présente au public Addie Yungmee, sa danseuse américaine d'origine coréenne qui a été adoptée bébé et qui revenait pour la première fois dans son pays natal. Puis Élise, sa choriste et la femme de Denis Savage, le directeur de tournée, présente au public leur fils, Lucas, adopté en Corée lui aussi. Ce fut un énorme moment d'émotion où nous avions tous les larmes aux yeux devant la *standing ovation* du public.

Visite d'un temple à Séoul avec les danseurs.

Céline, René, René-Charles et Kerri, l'institutrice de René-Charles.

« Un temps pour le jeu, un pour les visites, un pour les études.
Privilège de pouvoir aller à l'école en pyjama ! Maintenant, c'est l'école
avec les copains, l'uniforme, la discipline. Mon fils vit dans le moment
présent et est heureux de tout. Il a une grande faculté d'adaptation,
c'est une belle qualité dont nous sommes fiers. »

Céline et René-Charles
dans leur suite coréenne à Séoul.

Céline, majestueuse à Sydney, sur la passerelle de l'avion privé de marque Bombardier qui nous transportera durant toute cette magnifique tournée.

Australie

Sydney
Acer Arena

Deux *shows*
36 000 spectateurs

Anniversaire des 40 ans de Céline fêté *backstage* en compagnie de toute son équipe avec un enregistrement spécialement fait pour elle des Têtes à claques.

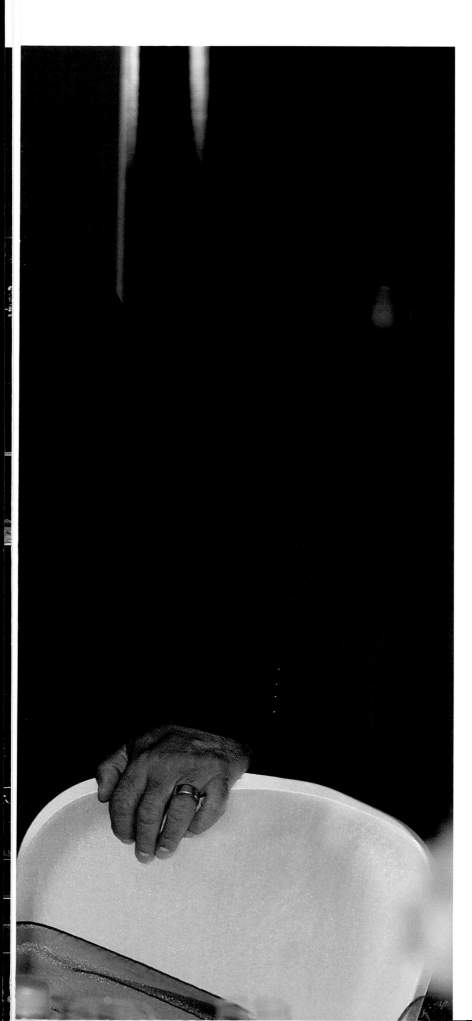

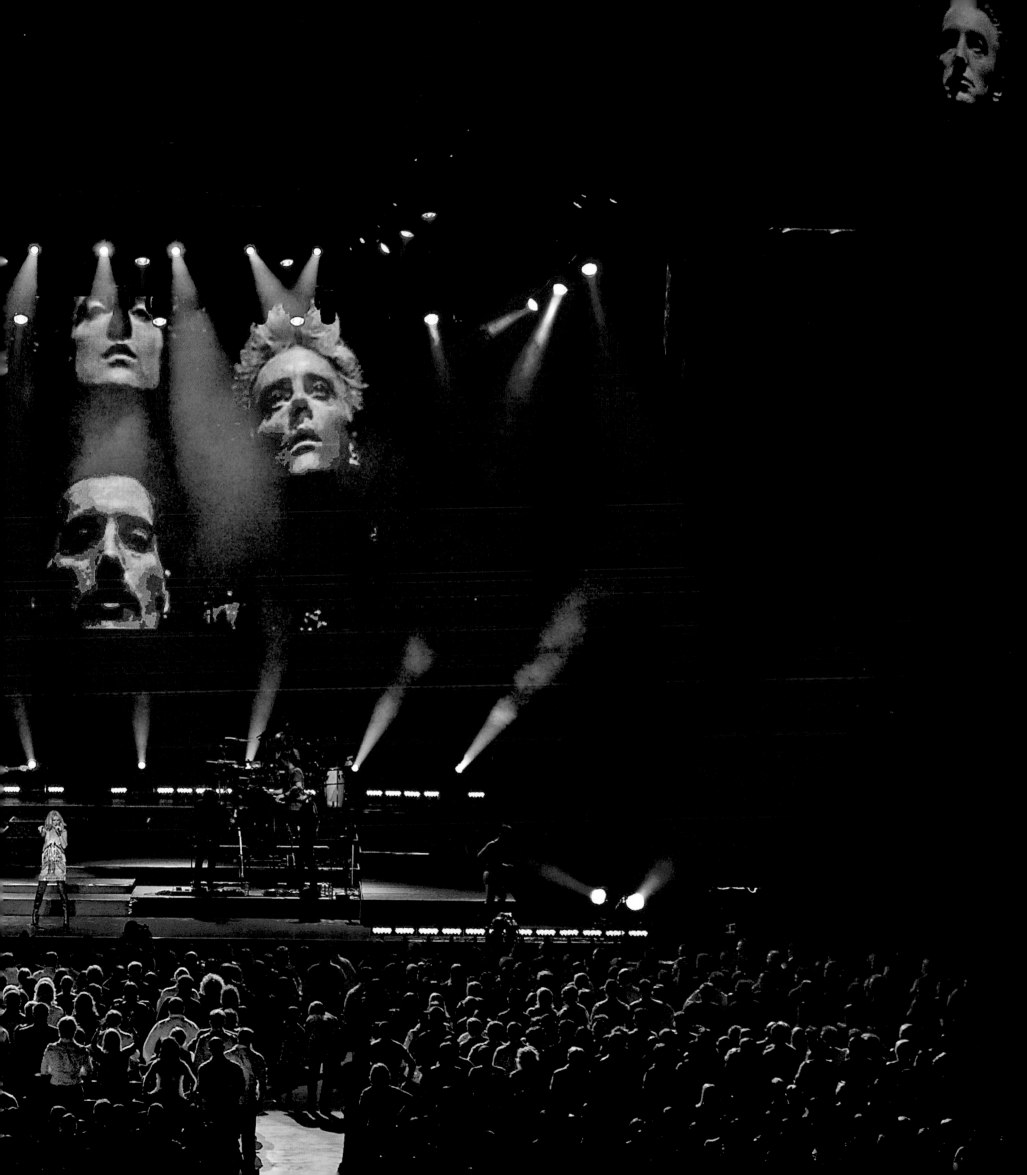

Avion privé après le concert, la tension retombe.

Chine

Shanghai
Shanghai Stadium

« À la répétition à Shanghai, j'ai dû enfiler
un peignoir sous mon manteau tant
il faisait froid en Chine ! D'où l'allure un peu
bizarre ! »

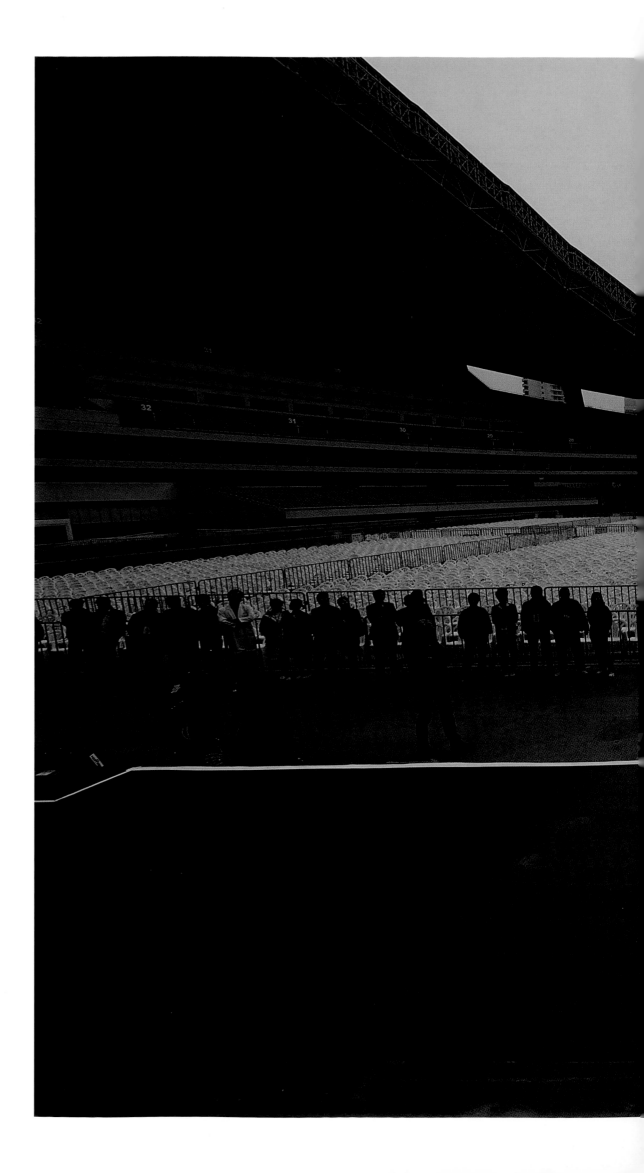

Backstage au Shanghai Stadium et rencontre avec un fan-club chinois.

Fans pendant le concert.

Les fans attendent devant les studios de télévision à Pékin.

Show télévisé à Pékin avec la célèbre animatrice Yang Lan.

« *Le public, les fans et l'accueil de cette animatrice,
née le même jour que moi, m'ont réconfortée.* »

■ Grande-Bretagne

Manchester
Evening News Arena

Deux *shows*
38 000 spectateurs

Manchester, répétitions à l'Evening News Arena.

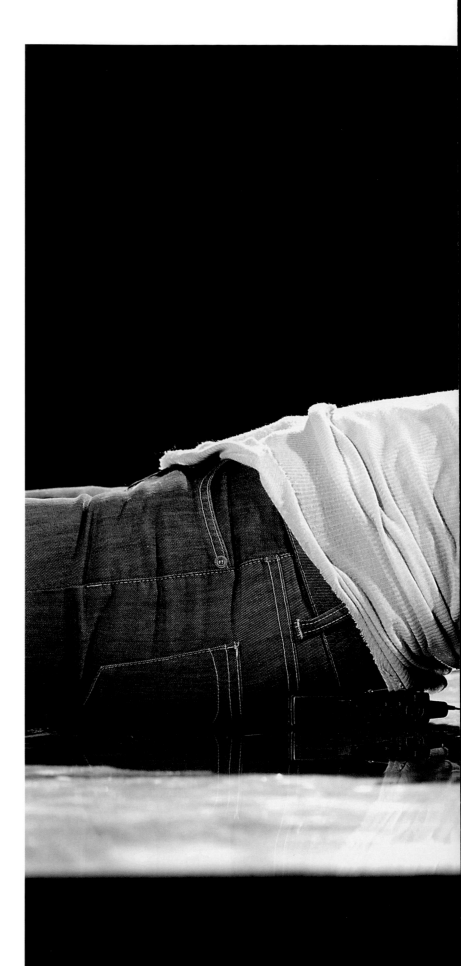

Loge de Céline à Manchester.

Ci-contre : Céline, sous la scène, juste avant de prendre l'ascenseur qui la conduira au centre de la scène.

Double page suivante : Londres, concert au O2 Arena.

Grande-Bretagne

Londres
O2 Arena

Deux *shows*
44 000 spectateurs

Sur la Tamise, un bateau-taxi
nous conduit à la salle
de spectacle pour éviter
les embouteillages.

Birmingham, *backstage* au National Indoor Arena.

« *J'aime cette photo où je suis fragile,
où je me protège.* »

Belgique

Anvers
Antwerps Sportpaleis

Backstage avec ses choristes Mary Lou Gauthier, Élise Duguay, sa percussionniste Nannette Fortier et son directeur musical Claude Lemay, dit « Mego », Céline attend joyeusement le signal pour entrer sur scène.

Anvers, avant de quitter sa loge, un dernier petit mot de René.

Dans la loge avant le *show*. Ce soir, la famille est là : chahut et câlin avec René-Charles.
Mme Dion veille à tout. Céline écoute Michel, son frère, lui donner les dernières précisions sur le *show* du soir.

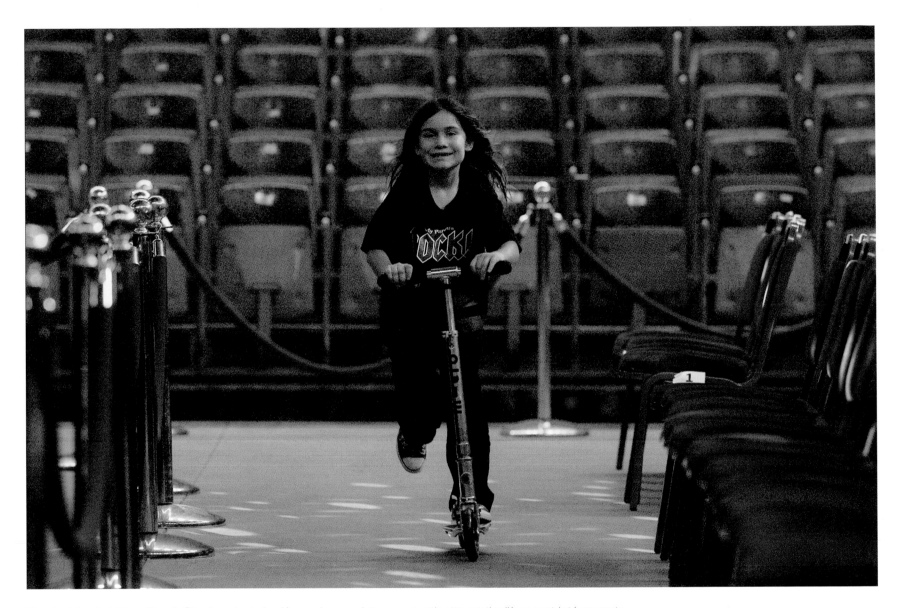

Pendant la répétition, René-Charles vient de découvrir une piste pour trottinette particulièrement intéressante.

À l'Antwerps Sportpaleis.

Antwerps Sportpaleis, Céline survole la scène.

Antwerps Sportpaleis, Céline, qui chante « I'm Alive », et le danseur Dominic Chaiduang.

Journée *off* à Bruxelles, réservée aux enfants, à gauche dans la chocolaterie Pierre Marcolini, et à droite, visite dans le plus beau magasin de jouets bruxellois.

« Moments ordinaires de jeux et de découvertes entre une mère et son fils.
Nous sommes loin du show business. Il me ramène à la réalité, à son monde,
à l'école de la vie. C'est précieux pour moi. »

France

Paris
Palais omnisports
de Paris-Bercy

Six *shows*
102 000 spectateurs

« Peu importe où je suis dans le monde, c'est toute ma famille qui chante avec moi. Depuis toujours d'ailleurs. Ce n'est plus dans le sous-sol de la maison familiale, là c'est dans ma loge, mais c'est pareil. »

Ci-dessus, de gauche à droite et de haut en bas : Mme Pinault,
Céline et le père Di Falco. Michel Drucker, Céline et Dany Saval.
Charles Aznavour et Céline. René Angélil, Luc Plamondon et Céline.
Céline et Audrey Tautou.

Page ci-contre, de gauche à droite et de haut en bas : Céline
et Michael Gregorio. Matthieu Chedid et Céline. Céline, Arielle Dombasle
et Nicole Coullier. Gilbert Rozon, Céline, Philippe Laco et René Angélil.
Annie Horth (styliste de Céline), Céline et Albert Elbaz.

« Je suis toujours épatée de rencontrer d'autres artistes que je respecte, des créateurs, des comédiens, des chanteurs, ça me touche beaucoup. »

« C'est très émouvant pour moi de partager ma musique
avec des fans qui prennent ça à cœur, qui s'accrochent
au drapeau de mon pays, qui chantent avec moi
et qui me manifestent tant d'amour. Ça m'impressionne. »

La scène vue d'en haut pendant le *show*, un effet magique de kaléidoscope.

Palais omnisports de Paris-Bercy.

Le V de la victoire pour Céline. En bas à gauche, Gilbert Coullier, organisateur des spectacles pour l'Europe francophone, est ravi, c'est également un succès pour lui, et à droite les fans qui attendent patiemment devant l'hôtel Four Seasons George-V sont récompensés, ils auront tous sans exception leur dédicace.

Photo de groupe à Bercy,
toute la tournée est là !

Paris, palais de l'Élysée.

« *Recevoir la Légion d'honneur des mains du président de la République fut un très grand honneur.*
J'étais fière pour ma famille présente, fière pour René qui a travaillé tellement fort lui aussi
pour en arriver là. Je l'ai acceptée pour lui, pour eux. »

Céline en conversation avec Carla Bruni-Sarkozy sur le portable du président qui parle avec Michel Drucker et Olivier Royant, directeur de la rédaction de *Paris Match*.

Céline et René dans la cour de l'Élysée après la cérémonie.

Céline et sa famille posent autour du président Nicolas Sarkozy.

Céline et René posent avec le président Nicolas Sarkozy.

Céline et sa maman dans les salons de l'Élysée.

Inauguration de la statue de René Angélil au musée Grévin.

Dîner au Fouquet's pour terminer cette journée trépidante.

Irlande

Dublin
Croke Park Stadium

64000 spectateurs

Pays-Bas, Amsterdam, Amsterdam Arena : 50 000 spectateurs.
Des fans excentriques et sympathiques.

« Je dis depuis
longtemps que je
suis toujours prête
à plonger et que ceux
qui s'occupent de moi
n'ont qu'à se soucier
qu'il y ait de l'eau dans
la piscine ! »

Danemark, Copenhague,
backstage.

Double page suivante : Concert
au Copenhagen Parken.

Montage de la scène à Helsinki. Les techniciens arrivent à l'aube et prennent les marques et repères au sol à la craie, chaque caisse est posée à un endroit très précis ; après c'est impressionnant d'assister à ce ballet bien rodé, dirigé par Rick Mooney, où chacun a son rôle et de voir la structure complète se monter comme un puzzle en quelques heures seulement.

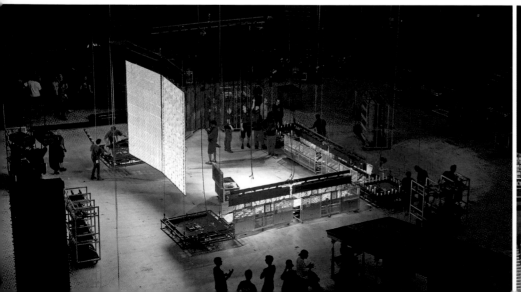

■ Allemagne

Berlin
Waldbuehne

20 000 spectateurs

Répétition à la Waldbuenhne.

Backstage dans un ancien *bunker* à la Waldbuenhne.

« *Nous étions dans un lieu historique plein de souvenirs sombres, ça se ressentait. Les vibrations étaient fortes, c'était douloureux, mais en même temps c'est une page d'histoire.* »

René et René-Charles au Golf und Country Club Seddiner See près de Berlin.

« *Il n'y a pas de plus beaux moments pour moi que ceux-ci : voir mon mari et mon fils jouer ensemble, échanger entre hommes. Le maître et l'élève… chacun son tour enseignant quelque chose à l'autre.* »

Visite du camp de concentration de Sachsenhausen près de Berlin.

Pendant une partie de la tournée européenne, nous résidions à Berlin.
Contrôle des passeports dans l'avion au retour de Zurich.

Suisse, Zurich, concert à l'Hallenstadion.

Départ en « *runner* ».

Prague, le finale avec la chanson du film *Titanic* « My Heart Will Go On ».

Double page suivante à gauche: Départ de Prague, 2 heures du matin et Céline pose pour moi.

Double page suivante à droite: Encore de l'énergie pour rire, là c'est avec des rouleaux de réglisse, qu'elle adore.

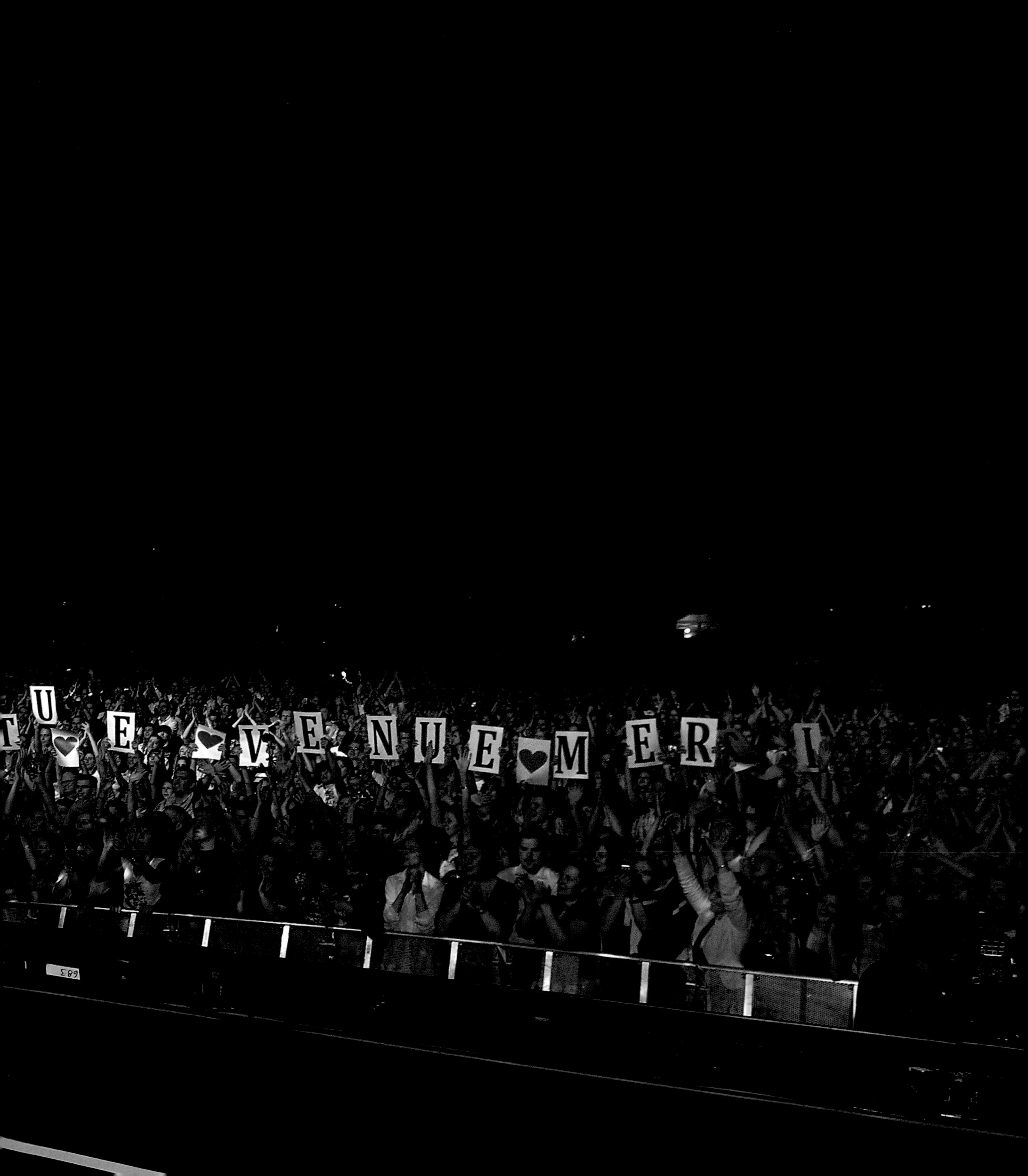
T U E V E N U E M E R I

Cette journée à Cracovie est un souvenir énorme, avec la remise des clés de la ville et l'inauguration de cette étoile sur le boulevard pour laquelle une foule immense et chaleureuse l'attendait.

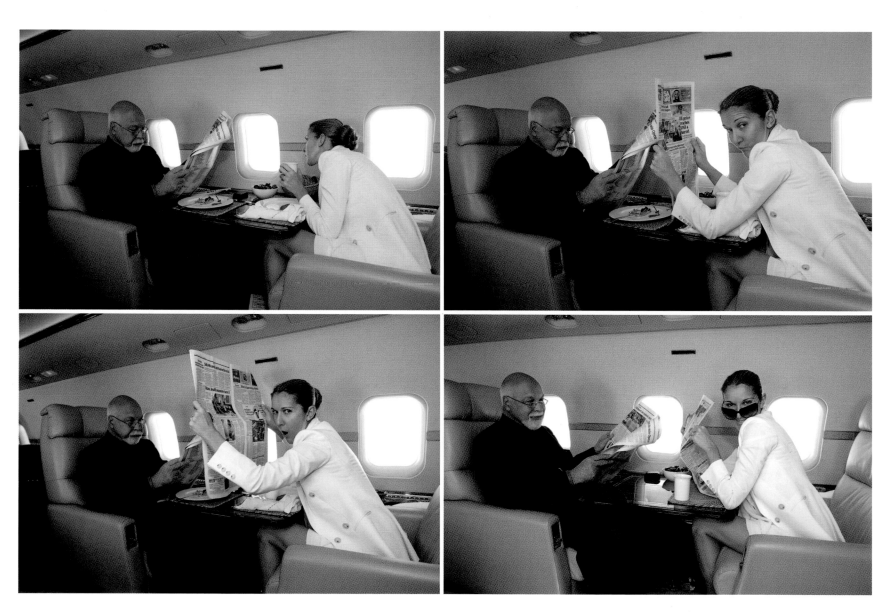

En comédienne-née, Céline, adore la dérision, et faire rire René.

Autriche, à la Stadthalle de Vienne, dernière pitrerie avant les choses sérieuses.

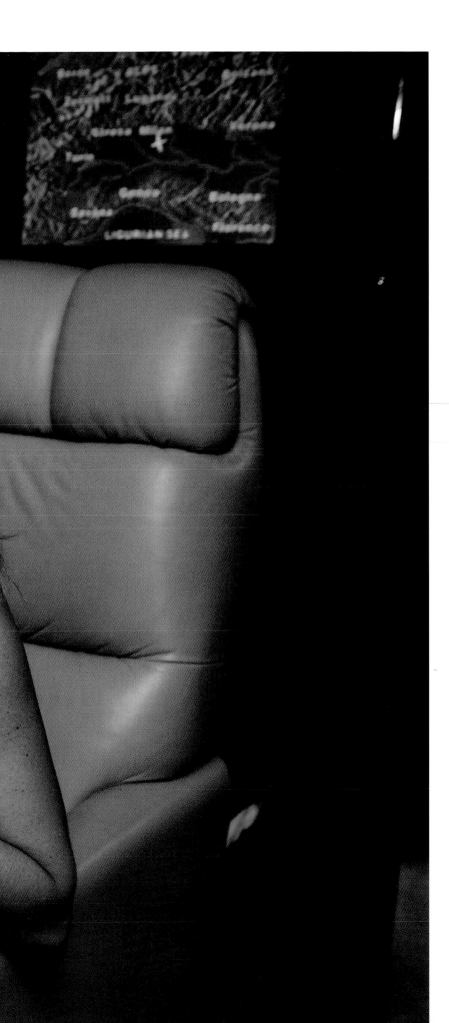

Les dentiers en sucre offerts par le pilote de l'avion ont eu un succès énorme !

Cette grande salle prestigieuse du Sporting, où sont donnés tant de grands galas, est remplie d'un public jamais blasé et toujours enthousiaste. Céline a terminé le *show* sur une scène couverte de roses.

Céline dans sa loge avec Charlène Wittstock.

Amérique

États-Unis Boston ✦ **Canada** Montréal ✦ Québec ✦ Toronto ✦ **États-Unis** Buffalo ✦ Philadelphie ✦ Washington ✦ Newark ✦ Uniondale ✦ New York ✦ Atlantic City ✦ Columbus ✦ Cleveland ✦ Detroit ✦ Milwaukee ✦ Sacramento ✦ Portland ✦ Tacoma ✦ **Canada** Vancouver ✦ Edmonton ✦ Winnipeg ✦ Ottawa ✦ **États-Unis** Omaha ✦ Denver ✦ Salt Lake City ✦ San Jose ✦ San Diego ✦ Anaheim ✦ Los Angeles ✦ Phoenix ✦ **Mexique** Mexico ✦ Guadalajara ✦ Monterrey ✦ **États-Unis** Chicago ✦ Minneapolis ✦ Indianapolis ✦ Kansas City ✦ Dallas ✦ San Antonio ✦ Houston ✦ La Nouvelle-Orléans ✦ Nashville ✦ Birmingham ✦ Atlanta ✦ Raleigh ✦ Miami ✦ Tampa ✦ Fort Lauderdale ✦ **Porto Rico** San Juan ✦ **États-Unis** Tulsa ✦ Saint Louis ✦ **Canada** Windsor ✦ Québec ✦ Montréal

Éstats-Unis

Boston
TD Banknorth Garden

Deux *shows*
40 000 spectateurs

Les danseuses Addie Yungmee et Amanda Balen s'échauffent *backstage*.

Ci-contre : Sur cette photo, Céline porte un masque qui sert à diffuser un produit l'aidant à dilater ses voies respiratoires, et malgré cette machine insolite sur son visage, elle reste belle et glamour.

Boston, au TD Banknorth Garden.

« *Impressionnant de voir tout ce monde! Je suis tellement métamorphosée lors des spectacles et eux, les fans comme les spectateurs, sont toujours à la hauteur, toujours si généreux. Ils m'éblouissent.* »

Au petit matin, arrivée dans New York des camions qui apportent
avec eux la scène et tout le matériel technique nécessaire au spectacle.

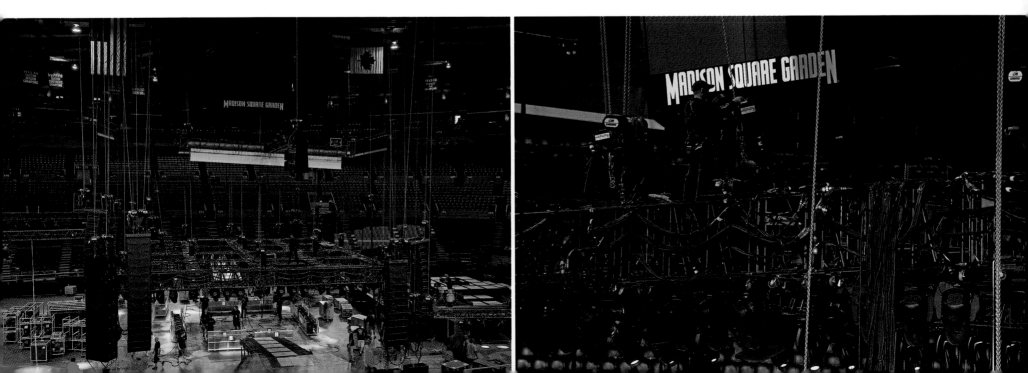

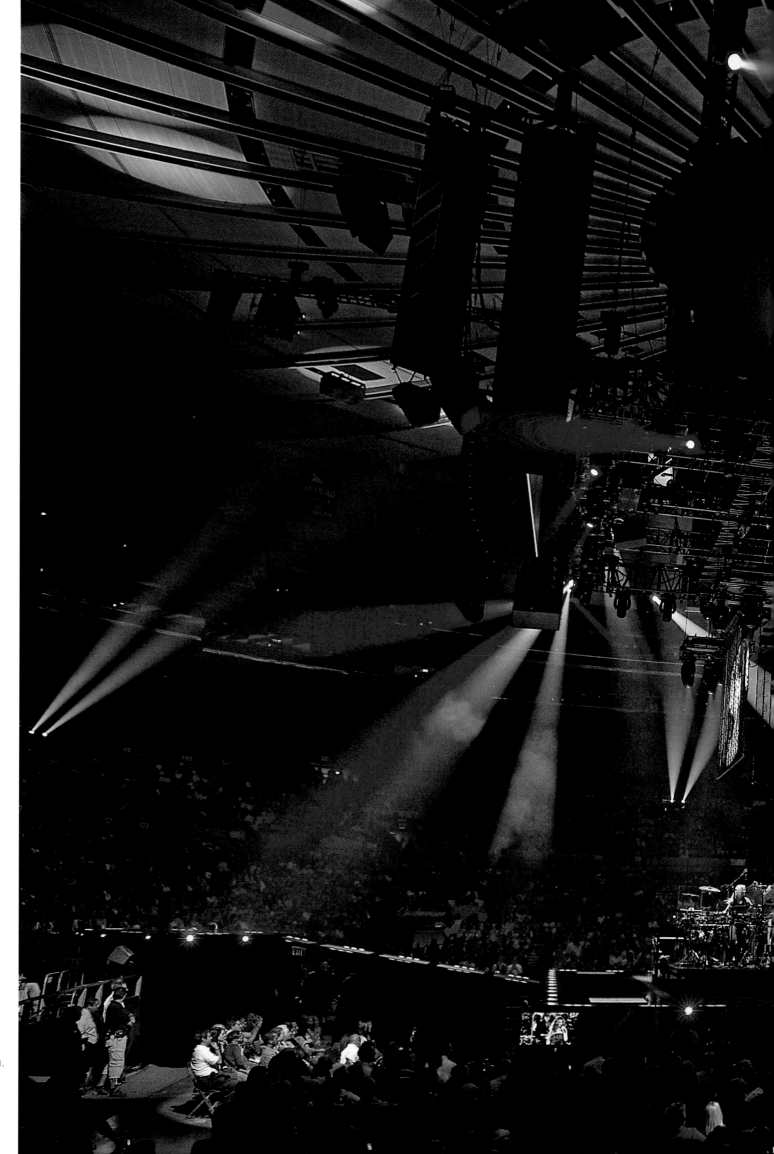

Concert au Madison Square Garden.

Madison Square Garden, un joli duo avec la jeune Philippine Charice Pempengco.

▪Ėtats-Unis

Newark
Prudential Center

Éclats de rire entre Céline et René qui est entré dans la loge en sifflant comme un pinson. « Où t'as appris à siffler comme ça ? » lui lance Céline, « Je siffle depuis toujours » ; Céline était tellement surprise qu'ils ont été saisis d'un énorme fou rire.

Départ pour le *show*.

Uniondale, concert au Nassau Coliseum, le hasard place la main de Céline
à la hauteur de la lumière pour le salut final.

■Canada

Vancouver
GM Place

Céline dans sa loge au GM Place.

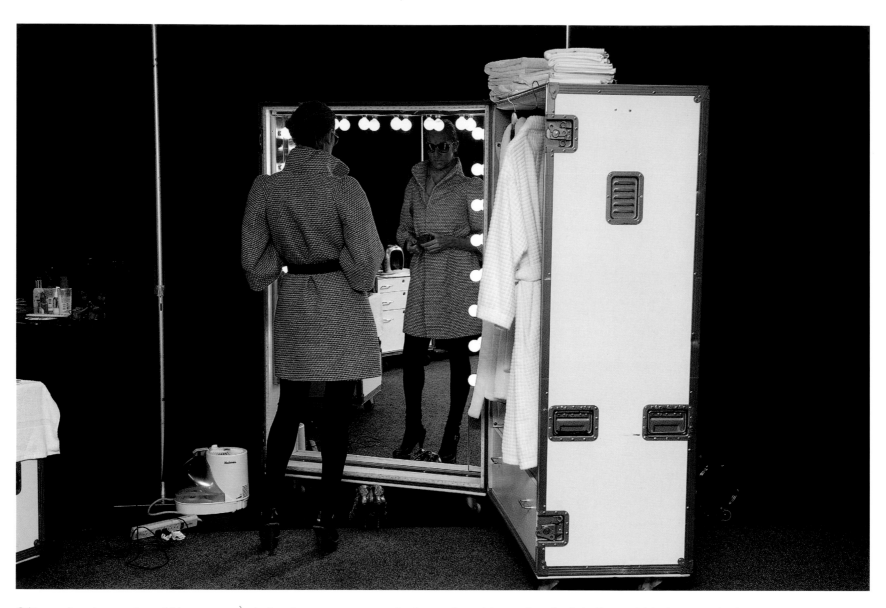

Céline arrive dans sa loge à Vancouver. À droite elle amorce un pas de danse devant le sourire réjoui de Barnev Valsaint, son choriste.

Vancouver, concert au GM Place.

Vancouver, concert au GM Place.

Edmonton, concert au Rexall Place.

Winnipeg, la très sympathique Heidi Yieng Kow, tahitienne et journaliste en Polynésie, avec son ami Julien. Très grande fan de Céline, elle a pris un an de congé pour suivre avec son ami vingt-huit concerts sur trois continents, l'Australie, l'Europe et l'Amérique.

Winnipeg, concert au MTS Center. Avec son choriste Barnev, elle chante « I Am Your Angel ».

Winnipeg, dîner dans la loge avant le *show*, brochette de sucreries au dessert.

« Le maquillage, comme un jeu d'enfant. J'ai toujours aimé ça, changer de tête, c'est une détente pour moi. J'ai appris auprès de grands professionnels à bien connaître mon visage. Je ne fais que répéter leurs gestes. »

En haut, les gardes du corps à l'entraînement. De gauche à droite,
Nick Skokos, chef de la sécurité, Michael Robertson, Cary Wittwer,
Carlo Somera, Vincent Saunders, Jeremy Roman.

Puis à l'action à Montréal. Ils sont indispensables, dissuasifs, efficaces,
des mains de fer dans des gants de velours et toujours élégants.

▪ États-Unis

Los Angeles
Staples Center

« *Je vis entourée de photos de gens que j'aime et que j'aimerai toujours.* »

Los Angeles, concert au Staples Center.

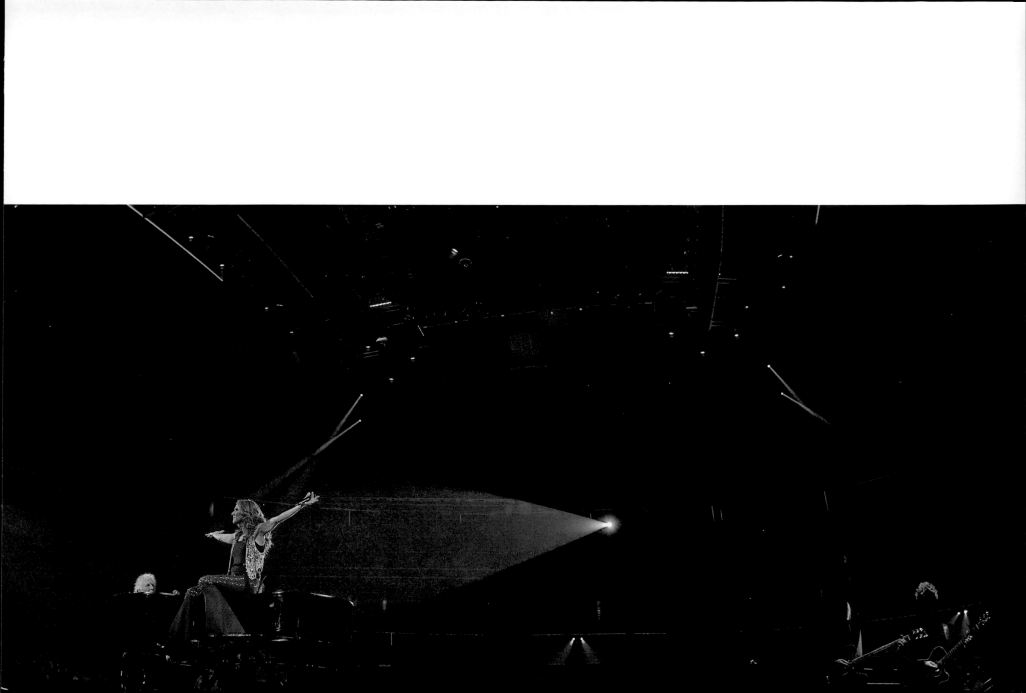

Phoenix au Jobbing.com Arena, visite de Mohamed Ali.

« Avouer à ce grand champion qu'il est que je n'étais pas en forme ce soir-là était très dur pour moi. J'ai pris toute la force qu'il m'a communiquée et j'ai donné le meilleur de moi-même. Comme il l'a toujours fait. The show must go on ! »

■ Mexique

Mexico
Palacio de los Deportes

30 000 spectateurs

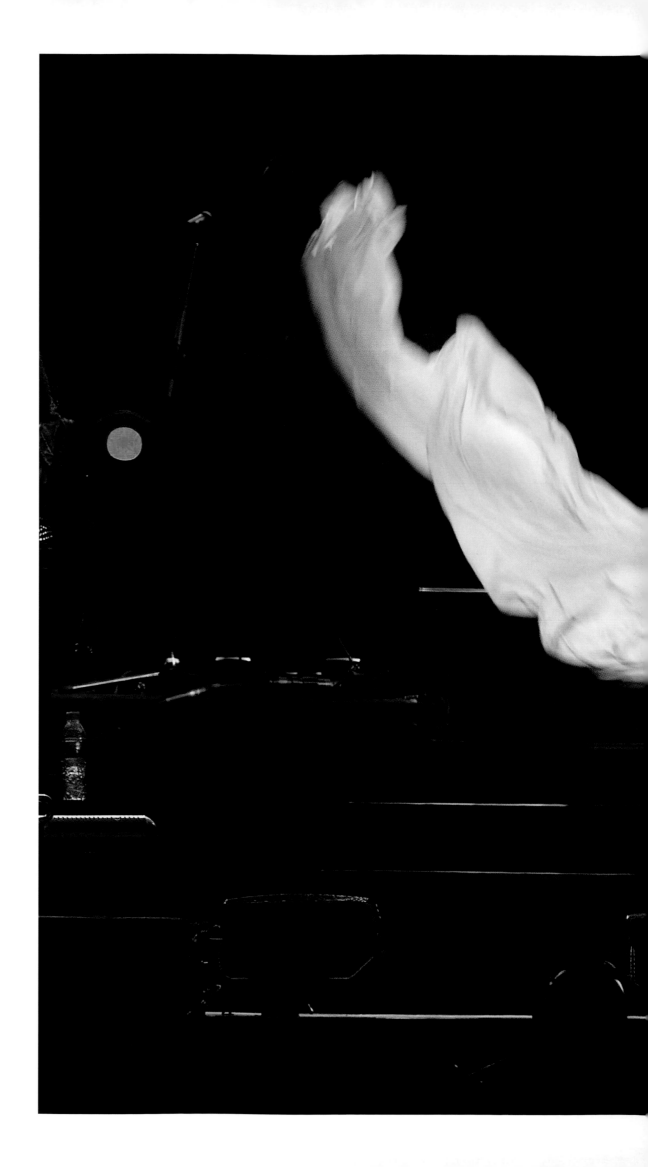

Arrivée sur le tarmac de l'aéroport de Monterrey au Mexique, le ton de notre visité est donné : sécurité et vigilance.

Michel Dion, suspendu au souffle de Céline et toujours prêt à intervenir.

La journaliste et écrivain Denise Bombardier et son mari, Jim Jackson.

Guadalajara, concert à l'Arena VGF. Le public mexicain, extrêmement chaleureux, nous fait vite oublier les mesures de sécurité.

■ États-Unis

Chicago

États-Unis, Chicago, au chaud dans la voiture,
– 15 °C dehors !

Céline entre dans l'arène.

La Nouvelle-Orléans, concert au New Orleans Arena.

Atlanta, concert au Philips Arena.

Céline applaudit son public.

À Montréal, Céline pose avec
ses techniciens et le célèbre
Bonhomme Carnaval du Québec.
La joie de chacun montre bien les
rapports affectueux que Céline
entretient avec toute son équipe.

Photo improvisée dans le couloir avec ses danseurs, ses musiciens et ses choristes.

Québec, la touche finale à sa tenue de scène dans sa loge.

Double page précédente : Québec, Colisée Pepsi Arena.

Québec, hôtel Le Château Frontenac : Céline, René et René-Charles se préparent pour se rendre à l'université Laval. René-Charles est particulièrement attentif à la tenue de son père. Dernières retouches de vernis à ongles pour Céline et super baskets pour René-Charles.

Les fans attendent Céline à l'intérieur et à l'extérieur de l'hôtel Le Château Frontenac.

Céline devant 250 000 spectateurs sur les plaines d'Abraham pour fêter les quatre cents ans de Québec.

Céline en duo avec Ginette Reno.

Page ci-contre: Céline en duo avec Jean-Pierre Ferland.

« Revenir chez nous, après avoir parcouru le monde, chanter à Québec sur les plaines d'Abraham pour les fêtes du 400ᵉ avec le grand Jean-Pierre Ferland, avec mon idole de jeunesse Ginette Reno et avec plein d'autres grands artistes devant des centaines de milliers de personnes, et ensuite à Montréal, au Centre Bell plein à craquer, une dizaine de fois, respirer l'accueil des gens, lire leurs messages d'amour et entendre leurs longues ovations, fut un bonheur total, un très grand moment d'émotion. »

Shopping de nuit à Québec, au magasin de jouets Benjo qui a ouvert ses portes spécialement pour Céline.

Super dédicace pour notre escorte, un motard de la police de Québec.

Après le *show*, les danseurs rejoignent leurs luxueux bus aménagés pour rejoindre la prochaine étape.

Après le *show*, ma plus grande frayeur de la tournée, Céline, qui habituellement est très enjouée, entre dans la loge en courant et me crie « Appelle le docteur ! » ; j'ai cru à un malaise. Pete Garcia est arrivé et a tout de suite compris qu'elle avait la mâchoire bloquée, comme cela lui arrive de temps à autre. Une petite manipulation et tout rentre dans l'ordre.

Montréal, Centre Bell.

Montréal, Centre Bell.

Montréal, Centre Bell.

Soirée de fin de tournée à Montréal.

« De retour au pays. Des équipes en or. Beaucoup de complicité, de rires, de tendresse, beaucoup de beaux souvenirs partagés. Et un pincement au cœur parce qu'on doit se quitter. Chacun retourne chez soi, à sa famille, à sa vie. Et moi, comme ma chanson, je reviens toujours sur les chemins de ma maison. »

1. Marc Depratto (son).
2. De gauche à droite : Louis Héon, William Shewmake, Antoine Malette (chef menuisier), Kerry Rothenback, Jean-Guy Lacroix et Luc Berthiaume.
3. Jean-Sébastien Carré (violoniste).
4. Céline et son régisseur Alexandre Miasnikof.
5. De gauche à droite : Jean-François Dubois, Guy Vignola et Rob Takayama (techniciens des instruments de musique).
6. Céline et le pilote de l'avion privé, Thomas Brown.
7. Yves Aucoin, concepteur de la scène et des éclairages, avec son équipe.
8. Marc Thériault, ingénieur du sans-fil.
9. Emilio Sosa, préposé aux costumes.
10. Marc-Olivier Germain et Patrice Lavoie (techniciens du son), pendant une pause-guitare.
11. Équipe du *catering* Snakatak.
12. Jean-Charles Éthier, ingénieur du son plateau.
13. Au centre Denis Savage, directeur de la tournée, à gauche François Desjardins, ingénieur du son salle, et à droite Jean-Charles Éthier, ingénieur du son plateau, avec l'équipe du son.

« *Je veux saluer ici mes équipes sans lesquelles rien de ça ne serait possible. Ce sont des gens exceptionnels qui donnent le meilleur d'eux-mêmes et qui font des heures de folie pour que tout soit toujours parfait.* »

12

10

11

13

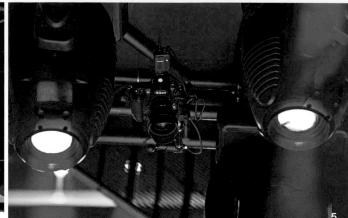

Souvenirs de tournée

1. Carlo Somera et moi à Edmonton par – 15 °C. Nous étions totalement gelés à côté de nos camarades canadiens, indifférents à la température.

2 et 3. Avec mon assistant Alexandre dans ma chambre au Beverly Hills Hotel de Los Angeles, où comme après chaque concert j'éditais les images que nous transmettions à Paris.

4 et 5. Je suis entouré de Jean-François Malette et Martin Perreault, les amis techniciens qui m'ont aidé à fixer mon Nikon D3 avec télécommande radio dans les éclairages au-dessus de la scène.

6. Au Palais omnisports de Paris-Bercy, un fan dont je suis le plus grand fan, mon fils, Jim, et ses amis Lou et Dylan.

7. Avec mes amis les gardes du corps de Céline, Nick et Michael, à Chicago où la tempête de neige et les – 20 °C ne nous ont pas dissuadés de poser devant la statue de Michael Jordan.

8. À Chicago, avec mon ami Michel Dion.

9. À Osaka, avec Céline et le sumo Yokozuna Asashoryu.

« *Complicité totale, dans la bonne humeur. Merci Gérard !* »

Si impressionnante sur scène et si simple et drôle dans la vie, merci Céline !

Je pose avec mon matériel photo de la tournée. Je suis fidèle à la marque Nikon depuis plus de trente ans. Pour cette tournée, j'étais équipé de trois boîtiers Nikon D3 numériques, trois zooms Nikkor, deux objectifs Nikkor, deux téléobjectifs Nikkor et trois flashs Nikon.

C'était une tournée phénoménale et nous nous sommes bien amusés !

Merci tout particulièrement à Sylvie **Beauregard**, Patrick **Angélil**, Michel **Dion**, Denis **Savage**, que j'ai beaucoup sollicités et qui ont toujours répondu avec gentillesse et efficacité.

Merci à Yves **Aucoin**, pour ses splendides lumières et sa collaboration.

Merci à Mme Thérèse **Dion** et à sa famille, pour leur accueil chaleureux et bienveillant à mon égard.

Merci aux musiciens, aux danseurs, aux techniciens, aux gardes du corps et à toute l'équipe de la tournée d'avoir répondu à mes demandes toujours avec enthousiasme.

Merci à Mia **Dumont**, pour tout.

Merci à Gilbert et Nicole **Coullier**

Merci à Maryse **Mathieu**, Lina **Attisano**, Émilie **Pontbriand**.

Merci à Patrick **Mahé**.

Merci à Alexandre **Tome**, mon assistant, de son efficacité, d'avoir eu pendant cette tournée la *zen attitude* et d'avoir été un excellent compagnon de voyage, ce qui m'a permis de travailler de façon détendue et sereine.

Merci à Nello **Zoppé** et Bernard **Denevi**, de la société **Nikon**, de m'avoir suivi dans ce projet et d'être d'une fidélité sans faille depuis tant d'années.

Merci à M. Hervé **de La Martinière**, pour son enthousiasme immédiat.

Merci aux Éditions de La Martinière, à Isabelle **Jendron** et Isabelle **Dartois** pour m'avoir accompagné de leurs précieux conseils, à Marie **Donzelli**, Sophie **Giraud**, Cécile **Vandenbroucque**, Lucile **Pierret** et Marion **Lacroix**.

Merci à mes enfants que j'aime, Annabelle et Jim.

Merci à Isabelle, ma femme, pour tout et plus que tout.

Merci à mon ami René **Angélil**, pour sa confiance depuis le premier jour.

Merci enfin à **Céline** d'être cette immense star, d'être la femme formidable et joyeuse qu'elle est dans la vie. Qu'elle ait accepté ma présence presque permanente auprès d'elle, qu'elle m'ait accordé sa confiance et son amitié me touche énormément.

Crédits photographiques : Photos Alexandre Tome, pages 364 (5), 365, 366, 367 ; photos Jean-François Perreault, page 364 (2)

Conception graphique : Marie Donzelli
Relecture : Marion Lacroix
Propos de Céline Dion et Gérard Schachmes
recueillis par Mia Dumont et Isabelle Schachmes

© 2009, Gérard Schachmes pour les photos
© 2009, Éditions de La Martinière,
une marque de La Martinière Groupe, Paris

© 2009, Les Éditions Libre Expression pour l'édition en langue française au Canada

Les Éditions Libre Expression
Groupe Librex inc.
Une compagnie de Quebecor Media
La Tourelle
1055, boul. René-Lévesque Est
Bureau 800
Montréal (Québec) H2L 4S5 Canada
Tél. : 514 849-5259
www.edlibreexpression.com

ISBN 978-2-7648-0476-6
Dépôt légal – Bibliothèque et Archives nationales du Québec, 2009

Imprimé en Chine